TRAITS INÉDITS

DE LA VIE

DE

S. FRANÇOIS DE SALES

D'APRÈS

les dépositions de son domestique.

ANNECY
ANCIENNE LIBRAIRIE BURDET
FRANÇOIS ABRY, SUCCESSEUR
—
1878

TRAITS INÉDITS
DE LA VIE
DE
S. FRANÇOIS DE SALES

D'APRÈS

les dépositions de son domestique.

ANNECY
ANCIENNE LIBRAIRIE BURDET
FRANÇOIS ABRY, SUCCESSEUR
—
1878

PRÉFACE.

Nous avons le bonheur de posséder un volume contenant deux dépositions autographes inédites faites lors de la dernière enquête juridique en faveur de la canonisation de saint François de Sales. Il nous a semblé utile de publier l'une de ces dépositions, celle de François Favre, qui fut, pendant vingt ans, le domestique du nouveau Docteur.

Ce qui donne de l'importance à la publication de ce document, c'est qu'il n'a été connu que d'une manière incomplète des divers biographes de notre Saint. A l'époque de la Révolution française, il fut emporté par une religieuse qui alla mourir au sein de sa famille. Nous avons été assez heureux pour en faire l'acquisition.

Dans une visite que nous eûmes l'honneur de faire à M. Hamon, auteur de la *Vie de saint François de Sales*, le vénérable curé de Saint-Sulpice nous exprima le regret de n'avoir pas trouvé ce précieux document parmi ceux que lui avait fournis le premier Monastère de la Visitation d'Annecy. En 1859, le 1er août, M. le chanoine Magnin, supérieur du Grand-Séminaire, aujourd'hui évêque d'Annecy, nous écrivait la lettre suivante : « Un des Messieurs les directeurs du Grand-Séminaire de Rhodez est venu à Annecy faire des recherches sur la vie de saint François de Sales. Il a trouvé qu'il manquait à la Visitation un des volumes des enquêtes faites pour sa canonisation. Quelqu'un lui a dit que vous deviez avoir un des volumes des dépositions des témoins. Si en effet vous l'aviez, seriez-vous assez bon pour le prêter ? »

Mgr notre Evêque, dont la compétence en matière d'histoire est bien connue, avait compris l'autorité de semblables témoignages. Aussi s'empressa-t-il d'en faire tirer une copie qu'il déposa aux archives de la Visitation d'Annecy.

En effet, qui mieux que René, fils du président Favre, et François Favre, serviteur du Saint, avait pénétré les secrets de cette incomparable existence? Le premier, qui fut président du Conseil du Genevois depuis 1610, déclara devant les commissaires apostoliques que l'Evêque de Genève, pendant les dernières années de sa vie, avait habité la maison du président son père, et que lui-même avait eu, avec le Saint, des rapports quotidiens. Quant à François

Favre, nous l'entendrons affirmer que « nul n'avait été à même d'approcher aussi souvent que lui de sa personne pendant vingt ans. »

Nous n'avons pas l'intention d'exploiter aujourd'hui toutes les richesses inconnues de la déposition de René Favre. L'objet de ces quelques pages est de reproduire textuellement et par ordre chronologique les réponses les plus saillantes données par François Favre. Le lecteur ne devra pas s'étonner si notre témoin passe presque sous silence les ouvrages du nouveau Docteur, ainsi que la fondation de l'Ordre de la Visitation ; le magistrat René Favre avait, les jours précédents, satisfait longuement aux questions relatives à ces deux points.

La troisième et dernière procédure, dans laquelle est entendu François Favre, fut faite sur les instances des Religieuses du premier Monastère de la Visitation d'Annecy, ayant pour procureur R^d Jean-Paul Truitat. Le tribunal juridique était ainsi constitué : Henri de Maupas du Tour, évêque du Puy, Jean de Passelaigue, évêque de Belley, et Paul Millet, évêque de Maurienne. Ces commissaires apostoliques choisirent pour vice-promoteur de la foi, en cette cause, R^d Prosper Garbillon, promoteur de la Cour épiscopale de Genève, et pour notaire actuaire, Guillaume Parra, tous deux canoniquement cités, ainsi que le témoin, par R^d Jean

Orsat, huissier, le 10 juillet 1656, pour paraître le lendemain et les jours suivants. Ces audiences eurent lieu dans la chapelle des religieux Macchabées, à Annecy.

Suivant les prescriptions canoniques, le témoin déposant désigne celui dont on instruit la cause sous le titre de *Serviteur de Dieu*, expression que nous traduirons ainsi en abrégé dans le cours de l'ouvrage, *S. de D.*

1er août, fête saint Pierre-ès-liens, 1878.

PREMIER INTERROGATOIRE.

1ᵉʳ interrogat. — Au premier interrogat, il répond : Je sais que le parjure est un péché, je sais qu'il est encore plus énorme en matière de canonisation des Saints.

2ᵐᵉ inter. — Je me nomme François Favre, et le lieu de ma naissance est la ville d'Annecy, en Genevois, où je fus baptisé en l'église paroissiale de Saint-Maurice. Mon père se nommait Pierre Favre, et ma mère Adrianne Marquet, de La Roche. Ma profession m'a attaché au service de quatre Evêques de Genève, l'un après l'autre, à savoir : Mgr Claude de Granier, le *Serviteur de Dieu*, son successeur, Mgr Jean-François de Sales, son digne frère, enfin Mgr Dom Juste Guérin. Mon office dans leur palais était d'être leur premier maître de chambre et d'introduire, d'entretenir et de reconduire les personnes d'honneur qui venaient rendre visite à mes dits Seigneurs, lesquels me faisaient la grâce de me souffrir plus fréquemment que nul autre près de leur personne.

Je vis de mes revenus, ayant, grâces à Dieu, de quoi m'entretenir honorablement. Présentement, mon office est celui de châtelain de l'Evêché, qui m'a été donné par mes dits Seigneurs en considération de mes longs services. Mon âge est d'environ quatre-vingts ans.

3ᵐᵉ inter. — Je me confesse et communie tous les ans à Pâques, en ma paroisse ; souvent, pendant l'année, je le fais dans l'église des Barnabites. Je me confesse tous les mois, selon les statuts de la Confrérie des pénitents du Crucifix, de laquelle je suis membre depuis l'érection d'icelle par le grand Serviteur de Dieu. J'ai communié le 24 du mois de juin dernier, fête de saint Jean-Baptiste, auquel j'ai une dévotion particulière que m'a inspirée le S. de D.

4me et 5me **inter**. — Il répond qu'il n'a jamais été accusé d'aucun crime devant quel tribunal que ce soit, et qu'il n'a jamais encouru aucune censure.

6me **inter**. — Je n'ai jamais été instruit et sollicité de personne à déposer ce que j'ai à dire en cette cause. Je me présente pour le seul intérêt de la gloire de Dieu et de la vérité, et pour obéir à notre Très-Saint Père le Pape, et à vos Illustrissimes et Révérendissimes Seigneurs qui me l'ont commandé de sa part.

7me **inter**. — Je confesse en toute vérité que j'ai connu et vu très-souvent le S. de D. *François de Sales*, en son vivant Evêque et prince de Genève. Je le vis et connus pour la première fois à son retour d'Italie, lorsqu'il vint faire la révérence à Mgr de Granier, dont j'étais domestique et maître de chambre de son palais. Je suis témoin des grands accueils que lui fit Mgr de Granier, qui dès lors conçut une si haute estime du S. de Dieu, qu'au sortir du palais il lui fit l'honneur de l'accompagner au bas des degrés, ce qu'il n'avait coutume de faire pour personne. A son retour, en entrant dans la chambre, il dit au sieur de Ronis et à moi : *Ce jeune gentilhomme sera un jour mon successeur en l'Evêché de Genève*, ce que l'on a toujours cru avoir été dit par esprit prophétique ; le dit Evêque ayant dit souvent qu'il avait eu un mouvement intérieur pour dire ces paroles et pour rendre les honneurs extraordinaires à ce gentilhomme. Je le sais parce que j'étais présent.

Je dis que j'ai connu le S. de D. plus particulièrement depuis qu'il fut consacré au service de Dieu et de l'Eglise, la même année 1593, et depuis qu'il fut prévôt de la Cathédrale. Mais je l'ai connu plus particulièrement l'espace de vingt ans tout entiers que j'ai eu l'honneur d'être à son service, à savoir : depuis la mort de Mgr de Granier, jusqu'à celle du Serviteur de Dieu, de 1602 à 1622.

Dire en particulier combien de fois je lui ai parlé durant ces vingt années, en quelles occasions, pour quels sujets, ni de quoi, c'est ce que je ne puis faire, ayant eu cet honneur si fréquemment que je ne puis en dire le nombre, pouvant seulement assurer que je l'ai accompagné dans tous ses voyages, dans toutes ses visites, dans tous ses carêmes qu'il prêcha, en toutes ses disputes et conférences avec les hérétiques ; et je dis qu'il n'y a personne qui ait eu l'honneur, durant ces vingt années, de le voir plus souvent, ni d'approcher plus ordinairement de sa personne que moi. J'ai eu un soin très-particulier de remarquer les belles actions de sa vie, et d'en faire des notes pour ne point les mettre en oubli, à raison de la grande sainteté qu'il me semblait y remarquer et de la grande dévotion intérieure que j'en recevais.

8me **inter**. — Je ne peux désavouer que je n'aie des tendresses particulières pour la mémoire du S. de D., qui a été mon bon pasteur et mon bon maître. Mais je proteste que ces sentiments ne proviennent d'aucun intérêt, ni d'aucune affection qui tienne de la chair et du sang, mais du seul respect pour la grande sainteté que j'ai remarquée en lui. J'avoue même que je ne puis m'empêcher de tendresse et de dévotion toutes les fois que je pense à tant de saintes actions que je lui ai vu faire durant sa vie. Depuis sa mort, il ne me reste autre consolation que de m'entretenir en cette pensée, et d'entretenir ceux qui me fréquentent de tant de bons exemples qu'il nous a laissés ; ce qui fait que pour la seule gloire de Dieu, l'exaltation de l'Eglise et la consolation des fidèles, je souhaite de tout mon cœur sa canonisation, croyant fermement que nous avons en lui un très-puissant intercesseur devant Dieu, comme je l'ai éprouvé en mille occasions ; et je l'ai invoqué en mon particulier, je le prie encore tous les jours de ne pas oublier son pauvre serviteur. Je proteste néanmoins que je ne lui ai jamais rendu aucun témoignage de culte extérieur, attendant révéremment la déclaration de l'Eglise que je souhaite de tout mon cœur.

9me **inter**. — Je sais que Monsieur François de Sales, baron de Thorens, seigneur de Boisy, de Balaison, de Villaroget, a été père du Saint S. de D., et Dame Françoise de Syonnas, sa mère, tous deux des plus anciennes, des plus chrétiennes et des plus nobles maisons de Savoie. Je sais que sa mère, étant seulement âgée de quatorze ans, fut mariée au comte de Sales, et que de leur mariage, qui fut célébré en face de notre sainte Mère l'Eglise, sont issus treize enfants, dont le S. de D. fut l'aîné, à savoir : cinq morts en enfance après avoir été baptisés, et huit autres qui ont vécu dans l'honneur et la vertu. Je sais que sa mère, en étant enceinte, l'offrit à Dieu dans l'église de Notre-Dame, à Annecy, en présence du Saint-Suaire qui alors y fut apporté et montré pour satisfaire à la dévotion de Madame Anne d'Est. Je le sais, parce que je l'ai souvent ouï raconter de la propre bouche de dame sa mère.

La grande sainteté que j'ai admirée en sa vie, me donnait un très-ardent désir de m'informer exactement de tout ce qui s'était passé en lui dès son enfance.

L'heure de midi étant arrivée, les dépositions ci-dessus seront scellées et cachetées après les signatures suivantes.

Je François Favre, selon Dieu et conscience, et pour la vérité, dis et dépose que tout le contenu en mes précédentes dépositions est entièrement véritable, et en tant qu'il est besoin je le répète, confirme et ratifie de nouveau (1).

11 juillet 1656.

François FAVRE.

(Suivent les signatures autographes des trois Evêques commissaires et juges rémissoriaux, celle du vice-promoteur de la foi et du notaire actuaire).

DEUXIÈME INTERROGATOIRE.

SA NAISSANCE.

1er **inter**. — Au premier inter., il répond :
Je sais que le Serviteur de Dieu est né le 21 août 1567,

---

(1) L'écriture du témoin accuse la main tremblante d'un octogénaire.

au château de Sales, dans une chambre nommée de Saint-François, à cause d'une image de saint François d'Assise. Je sais qu'il a été baptisé (1) en l'église paroissiale de Saint-Maurice de Thorens, où François de la Fléchère, prieur de Sillingy, fut son parrain, et dame Bonaventure de Chevron de Vilette, baronne de Menthon, sa marraine. Je le sais pour l'avoir appris des anciens domestiques de la maison, entre autres du sieur Amé Bouvard de Lathuile, d'abord attaché au service de la maison de Sales, plus tard prêtre, vicaire à Thorens. Je le sais surtout parce que je l'ai lu dans un registre écrit de la propre main de son père, où il fait un recueil de la naissance et du baptême de tous ses enfants ; j'ai vu le même dans l'enquête faite sur ce sujet auparavant de son sacre.

SON ENFANCE A SALES.

2me inter. — Je sais que dès son enfance, il fit paraître une très-grande inclination pour la vertu, un grand respect pour les choses saintes. Tout son plaisir, lorsqu'il commençait à bégayer, était de joindre dévotement les mains, de tenir des chapelets et des médailles, de baiser révéremment des images. Toute sa joie était de faire de petites chapelles qu'il avait soin d'orner de fleurs et d'images, et j'ai vu plusieurs fois le lieu où il faisait les petites chapelles, lequel lieu est dans le château de Sales, en un coin de la salle, dans l'embrasure d'une fenêtre ; ce lieu a été depuis fermé et a été conservé en mémoire de la dévotion du S. de Dieu. Je l'ai vu et j'ai appris qu'il y faisait ses prières plusieurs fois le jour, comme me l'ont assuré madame sa mère, la Petramande sa nourrice, mère de Jacques Puthod, ainsi que les sieurs Jacques Bert, Blaise des Meillières, anciens domestiques qui ont vu naître et grandir le S. de D. Les mêmes m'ont aussi raconté plusieurs fois, qu'il écoutait avec une merveilleuse avidité les principes de la doctrine chrétienne. Je sais que dans ses premières années l'on a toujours remarqué sa grande inclination à

(1) René Favre dépose qu'il a été baptisé le même jour.

la piété, et principalement sa dévotion à la sainte messe ; il aimait à la servir et répondait avec les chants de l'Eglise qu'il tâchait d'imiter. Les jours de dimanches et de fêtes il demeurait dans l'église à genoux devant sa mère, les mains jointes, les yeux si doucement attachés à l'autel, que sa modestie donnait de la dévotion à tous ceux qui le regardaient, et que dès lors on le considérait comme un petit ange.

Madame sa mère m'a aussi raconté plusieurs fois, qu'il la consolait doucement lorsque quelque affliction lui survenait, lui disant : *Recourons au bon Dieu, ma bonne mère, il nous aidera.* Je sais qu'il fut si compatissant pour les pauvres, que s'il entendait qu'il y eût un pauvre à la porte, il se levait pour aller lui porter une partie de son déjeuner ou de son dîner.

SON ENFANCE AU COLLÉGE.

3me **inter**. — Je sais qu'environ l'âge de six ans, vers l'an 1573, le S. de D. fut envoyé au collége de La Roche, pour commencer ses études et apprendre à lire et à écrire. Je l'ai appris du sieur Batailleur, sous la conduite duquel il fut remis au dit lieu de La Roche, qui ne vit jamais un enfant doué d'une telle docilité ni qui apprit avec plus de facilité ; et du sieur Jean Menench, qui était aussi régent, et qui depuis a dédié un livre au S. de D., intitulé les *Leçons chrétiennes*, imprimé vers l'an 1600. Je sais qu'environ deux ans après, il fut envoyé à Annecy pour continuer ses études, et qu'il se rendit si modeste que ses compagnons étaient excités à la vertu par sa seule présence ; qu'il les reprenait de leurs discours peu convenables, et surtout quand ils juraient. Je sais qu'allant en promenade il avait coutume de les mener à l'écart, auprès de quelque bois ou à l'ombre de quelques arbres, et là il se mettait à genoux et il leur faisait réciter les litanies de la Reine des Anges ; il les exhortait à s'adonner de bonne heure au service de Dieu, à éviter les occasions du péché. Je l'ai appris du sieur Déage, pour lors son précepteur, du sieur Amé de Sales de Vallières, son cousin, et du

R^d P. Claude Nicolas de Coëx, tous les deux ses condisciples. Je sais que dès lors il prenait un goût particulier à lire des livres de dévotion, surtout la vie des Saints.

PREMIÈRE COMMUNION ET CONFIRMATION.

4me inter. — Je sais qu'il n'avait que l'âge de dix ans lorsqu'il fit sa première communion, dans l'église des Dominicains d'Annecy. Le jour ne m'en revient pas à la mémoire, et je sais que quelques heures après, il reçut le sacrement de confirmation des mains de Mgr Ange Justinian, évêque de Genève. Ayant admiré sa modestie, le Prélat dit qu'un enfant si modeste promettait quelque chose de grand ; ajoutant plusieurs autres discours de bon augure de sa piété future.

Je sais que peu de temps après, le S. de D. demanda à son père la permission d'entrer dans la cléricature, qu'il reçut la tonsure en l'église de Saint-Etienne de Clermont, en Genevois, des mains de Gallois de Regard, évêque de Bagneray, comme me l'a raconté le précepteur Déage, neveu du dit Evêque.

TROISIÈME INTERROGATOIRE.

Ses études à Paris. — A Padoue.

PARIS.

1er inter. — Je sais que vers l'an 1680, envoyant à Paris le S. de D. pour continuer ses études, son père voulait le placer au collège de Navarre où accourait la fleur de la noblesse ; mais, craignant y perdre son innocence, il alla se jeter aux pieds de sa mère pour la conjurer d'obtenir de son père qu'il fût plutôt envoyé au collège des PP. Jésuites, sachant que c'était le véritable séminaire de toutes les vertus, ajoutant ces belles paroles : « Que ce serait un plus grand contentement pour ses parents de le voir revenir dévot disciple de N.-S. J.-C., que docte et élégant courtisan. » Je sais que chez les PP. Jésuites, à Paris, il se confessait et communiait tous les huit jours. Il demanda à entrer dans la *Congrégation,* où il donna de si bons exemples, qu'il fut plusieurs fois élu préfet et assistant, qu'il fit d'admirables discours aux *postulants.*

Quand il n'était ni au logis ni au collége, il fallait le chercher dans quelque église ou monastère.

Je sais que deux ans après, il fut assailli par une cruelle tentation de désespoir ; il se croyait au nombre des réprouvés, ce qui lui occasionna une affreuse jaunisse couvrant tout son corps ; les médecins désespéraient de sa guérison comme lui désespérait de son salut.

Il entra dans l'église de Saint-Etienne-des-Grès, où il allait souvent faire ses prières devant une image de la Vierge (1). Ayant aperçu affichée à la muraille, la prière de saint Bernard : Memorare, *Souvenez-vous, ô trèspieuse Vierge Marie ;* il la récite en fondant en larmes, il fait vœu de virginité perpétuelle, et aussitôt l'espérance rentre dans son âme et la santé dans son corps. Pour témoigner sa reconnaissance à la Mère de Dieu, il s'obligea de réciter le chapelet tous les jours de sa vie ; j'ai appris ce que dessus de son précepteur Déage, et de Jeanus de Regard, Antoine Bouvard et Jean Paquelet, tous ses condisciples à Paris.

PADOUE.

2me **inter.** — Je sais que, n'ayant pas vu son père et sa mère depuis plus de six ans, il vint les visiter en Savoie avec une grande joie, avant de se rendre à Padoue, vers l'an 1587, pour y étudier la jurisprudence et la théologie.

---

(1) Cette image de Marie est aujourd'hui dans l'église des Sœurs de Saint-Thomas de Villeneuve, à Paris, rue de Sèvres, n° 27. C'est une statue de la Vierge Mère, appelée la Vierge Noire ou Notre-Dame de Délivrance, en grande vénération à cause de la délivrance de saint François de Sales.

A Padoue, il choisit pour directeur le P. Possevin, jésuite, lequel, mû par un esprit prophétique, lui dit un jour : « Vous faites bien, mon fils, continuez à penser aux choses célestes et à étudier la théologie, car la divine Providence vous réserve le soin de l'Eglise de Genève. » Je sais que, pour se contenir dans la vertu, il se prescrivit des règles toutes saintes, dont j'ai vu l'original écrit de sa propre main ; j'en ai tiré une copie dont je me sers chaque jour. (Le témoin a demandé que cette copie fût insérée dans l'acte de ses dépositions, laquelle, je notaire actuaire ai transcrite aussitôt). Je sais qu'il fut frauduleusement mené dans la maison d'une courtisane par ses condisciples, et qu'il la repoussa violemment quand elle osa le solliciter au mal ; je l'ai appris des mêmes condisciples, et surtout du sieur Vernaz, qui fut celui qui ourdit cette infâme conspiration. Le bruit de cette belle action fut répandu dans toute la ville de Padoue. L'an 1591, il fut reçu docteur, aux grands applaudissements de ses maîtres et de toute l'école ; incontinent après, il se rendit à Rome pour vénérer les saints lieux. A son retour, il passa à Lorette pour visiter la chambre où la Vierge a conçu le Verbe incarné : il épancha son âme en présence du Fils et de la Mère, et une rougeur extraordinaire lui monta au visage. Voyant ce visage divinement illuminé, ses compagnons de route, qui me l'ont raconté, conçurent une très-grande estime de lui. Avant de quitter ce lieu béni, il renouvela son vœu de virginité.

QUATRIÈME INTERROGATOIRE.

Retour en Savoie. — Accueil de l'Évêque. — Il est reçu avocat et plus tard sénateur au Sénat de Savoie. — Il renonce à une brillante alliance.

1er inter. — Je sais que vers l'an 1592, le S. de D. rentra en Savoie ; j'étais présent lorsqu'il vint faire sa révérence à son Évêque, Mgr de Granier, duquel j'étais domestique, selon que j'ai déposé plus haut. C'est la première fois que j'eus le bonheur de le voir ; je sais que peu de temps après il fut reçu avocat au souverain Sénat de Savoie, et que plus tard Charles-Emmanuel, duc de Savoie, lui envoya la patente de sénateur, dignité qu'il refusa, je l'ai appris de son ami le président Favre ; le même m'a rapporté qu'il fut chargé, par le père du S. de D., de le déterminer à rechercher en mariage D^{lle} Philiberte de Suchet de Végy, douée des plus belles qualités.

2me **inter**. — Je sais que, pour complaire à son père, il rendit une visite à cette demoiselle, qui était alors chez son oncle à Sallanches. Il admira ses vertus et revint dire à son père : *Elle mérite un meilleur parti que le mien. Je n'ai jamais eu de volonté que pour la vie ecclésiastique.* Je le sais encore pour l'avoir appris de l'un de ses intimes confidents, le prêtre Bouvard, qui avait été domestique au château de Sales, ainsi que de G. Rolland, qui était alors son serviteur, et ensuite qui a été chanoine de l'église de Notre-Dame d'Annecy, et puis de la Cathédrale (**A**).

PRÉVÔT DE LA CATHÉDRALE.

3me **inter**. — Je sais que, par Lettre Apostolique, en date des nones de 1592, le Pape l'avait pourvu de la dignité de prévôt, qui est la première en l'église de Genève après l'épiscopale. Elle lui fut conférée à son insu par prière de Mgr l'Evêque et par les soins de Louis de Sales, son cousin, chanoine de l'église cathédrale. Je sais que l'année suivante il prit solennellement possession de cette charge, et que de sa stalle il fit une harangue en latin qui fut admirée de tout le monde. J'ai vu la dite harangue écrite de sa main, je l'ai encore appris des sieurs Jean Tissot, Charles Grosset, Etienne Lacombe, tous chanoines de la cathédrale, qui étaient présents (1).

(Suivent les signatures).

(1) René Favre dépose avoir lu les actes capitulaires qui relatent le procès-verbal de son installation de Prévôt, en date du 12 mai 1593. Il fut *reçu et accepté* par le Chapitre, après avoir exhibé ses lettres de cléricature, sa patente de Docteur et la fulmination de la bulle du Pape ; *exhibitis litteris clericaturæ, Doctoratûs ipsius cum fulminatione bullæ institutionis.*

CINQUIÈME INTERROGATOIRE.

Il est promu aux Ordres. — Élevé au Sacerdoce. — Ses prédications. — Il remplit les fonctions de Pénitencier.

Interrogé s'il sait quand il a reçu les différents Ordres, quand et comment il les a exercés, il répond :
Je sais qu'ayant reçu les quatre Ordres moindres, il reçut le sous-diaconat des mains de Mgr de Granier, le 12 mai 1593, j'étais présent. Je sais qu'à l'instance de son Evêque, il fit sa première prédication le jour de l'octave de la Fête-Dieu, en même temps fête de saint Jean-Baptiste.

Il prêcha dans l'église de Saint-François, qui sert de Cathédrale ; il prit pour sujet la réalité du corps de notre Sauveur dans l'Eucharistie.

Il réfuta les erreurs des hérétiques avec tant de véhémence, donnant même le cartel de défi à ses voisins de Genève, que tout le monde fondit en larmes de joie. Le seigneur Davully, qui, jusqu'alors, avait persisté opiniâtrément dans son hérésie, commença à conférer avec le S. de D., entre les mains duquel il abjura l'hérésie à Thonon. J'ai appris du sieur Davully que ce fut durant cette prédication que Dieu lui toucha le cœur pour le ramener à l'Eglise. S'il m'en souvient, c'est vers cette époque qu'il institua la Confrérie des Pénitents du Crucifix, dont je fus l'un des premiers membres. Je sais qu'il reçut le diaconat le 18 septembre de la même année.

SACERDOCE.

Il reçut l'onction sacerdotale des mains de son Evêque, le 18 décembre 1593. Après trois jours de préparation, il célébra sa première messe à l'église cathédrale le 21, fête de saint Thomas ; et le même jour, à vêpres, il fit un excellent sermon sur le saint sacrifice de la messe. Je sais toutes ces actions, parce que j'étais présent, ayant l'honneur d'être maître de chambre de Mgr de Granier.

Je sais qu'il avait prêché tous les dimanches de l'Avent, le jour de la Sacrée-Conception de la sainte Vierge, et ensuite à toutes les fêtes de Noël, de la Circoncision et de l'Epiphanie. Au reste, il ne se passa presque point de fêtes ni de dimanches qu'il ne prêchât en quelque église, réfutant toujours les hérétiques avec un très-grand fruit d'édification ; j'ai assisté à presque tous ses sermons tant qu'il m'a été possible.

PÉNITENCIER.

Je sais que l'année 1594, le S. de D., n'étant âgé que de vingt-sept ans, fut fait grand pénitencier de l'église de Genève ; je l'ai vu, comme toute la ville d'Annecy l'a vu, continuellement occupé à ouïr les confessions, indépendamment des pauvres et des riches, avec une très-grande douceur, patience et charité, en l'église Cathédrale.

Moi-même j'avais la consolation d'aller vers lui à confesse, d'y recevoir les salutaires conseils de celui qui a été mon pasteur et mon bon maître (1).

(Suivent les signatures).

---

(1) René Favre ajoute : « J'ai lu le décret par lequel le cardinal Mathæi (1594), à la présentation du Chapitre, nommait le prévôt de Sales grand pénitencier de l'église de Genève. » Le Chapitre agissait sans doute en vertu d'un privilége, car, depuis le Concile de Trente, c'est à l'Évêque seul à nommer ou à présenter son pénitencier. (Session XXIV, chap. VIII *de Reformatione*). Le confessionnal occupé par saint François de Sales, au rapport de son neveu Ch.-Auguste, *était tout proche de la porte par laquelle on entre du costé de l'évangile ;* c'est bien là que la tradition nous a toujours montré la place de son confessionnal.

SIXIÈME INTERROGATOIRE.

CONVERSION DU CHABLAIS.

Les dépositions de notre témoin, touchant les travaux du S. de D. en Chablais, sont écrites dans vingt-deux pages d'un grand *in-folio*. Si la conversion du Chablais par saint François de Sales est le plus beau fleuron de sa couronne, c'est aussi la phase de sa vie qui a été narrée avec plus de soin par un grand nombre d'historiens. Nous résumerons en quelques mots les 22 pages que nous avons entre les mains.

En 1531, les Bernois enlevèrent au duc de Savoie toute la portion de ses Etats, qui s'étendait des portes de Genève à la rivière de la Dranse, et y implantèrent la religion de Calvin. Par suite du traité de Nyon, en 1593, le Chablais rentra sous la domination de son ancien souverain. L'année suivante, François de Sales, accompagné d'un autre missionnaire, son cousin Louis de Sales, arrivait le 14 septembre au château des Allinges, pour faire la conquête de cette belle province. Dans le premier discours qu'il adressa aux Messieurs de la ville de Thonon, il dit : « Je puis bien dire que je ne recevrai jamais des commandements avec plus de courage, que celui que Mgr notre Evêque me fit, quand il m'ordonna, suivant le saint désir de Son Altesse dont il me mit en mains la jussion (l'ordre), de venir ici vous porter la sainte parole de Dieu. » Les témoins René Favre, sénateur et président du conseil de Genevois, et François Favre, ancien domestique du S. de D., font insérer dans leurs dépositions la lettre alors inédite que l'Apôtre du Chablais écrivait à Madame de Chantal, le 30 août 1605 : Je reviens du bout de mon diocèse, qui est du côté des Suisses, où j'ai achevé l'établissement de trente-trois paroisses, dans lesquelles, il y a onze ans, il n'y avait que des hérétiques et des ministres, et j'y fus en ce temps-là trois ans tout seul à prêcher la foi catholique. »

Les minutieux détails que les *déposants* donnent sur tous les travaux de l'intrépide Missionnaire, sur ses controverses avec ses ministres, sont en tout conformes aux tableaux qu'en ont tracés les différents biographes du Saint; deux circonstances seulement nous paraissent peu connues :

1° L'Apôtre du Chablais, en 1596, osa dresser un autel en bois dans le chœur de l'église de Thonon (1), et y célébra la messe à la fête de Noël. Les témoins déposants disent qu'il célébra les trois messes, celle de minuit, celle de l'aurore, et une troisième entre neuf et dix heures. Ce fut après la communion de la messe de minuit qu'il adressa une allocution au peuple, du *milieu de l'autel*, et non du haut de la chaire, où il prêcha durant plusieurs années, et qui est conservée aujourd'hui dans cette même église de Thonon.

2° Dans une de ses réponses, François Favre nous dit : « Je sais que, durant ces années, il fut souvent contraint de coucher au milieu des bois, notamment celui de La Rochette, entre Thonon et les Allinges. Cette forêt n'existe plus, elle a été rasée; elle était vraisemblablement située près des *Eaux de la Versoie*, où l'on aperçoit encore quelques arbres.

Le susdit témoin atteste avoir vu le bref par lequel Sa Sainteté le Pape Clément VIII ordonnait au S. de D., d'aller pour la troisième fois à Genève, tenter la conversion de l'hérésiarque de Bèze ; il signale avec un intérêt spécial la conférence dans laquelle il confondit le ministre Virel, qui avait attaqué la pureté de la Vierge dans l'enfantement du Verbe. Il fournit aux commissaires apostoliques de précieux documents sur les Quarante-Heures d'Annemasse, et sur les travaux des PP. Capucins (2).

(1) C'est l'avant chœur de l'église actuelle, occupé par les hommes.
(2) Nous avons l'avantage de posséder le catalogue, paroisse par paroisse, de tous les habitants du Chablais, et des cantons d'Annemasse et de Saint-Julien qui ont abjuré entre les mains de saint François de Sales à Thonon.

A la fin de ces pages, nous donnerons une note sur ces aperçus (**B**).

Notre témoin atteste avoir eu connaissance de tout ce qu'il dépose : 1° par les relations qu'en recevait son maître, Mgr de Granier ; 2° par la bouche du président Favre et de plusieurs autres seigneurs du Chablais, entre autres le seigneur de Forax, de Brotti (d'Antioche), Bouvier (d'Yvoire), de Ville.

La clôture de la conversion du Chablais fut présidée par le cardinal Légat du Pape, qui assista aux cérémonies solennelles des Quarante-Heures. Notre témoin assure que ledit cardinal eut la consolation de donner l'absolution à un grand nombre d'hérétiques convertis par le S. de D. « Je le sais, dit-il, parce que j'étais présent, en la compagnie de Mgr de Granier, duquel j'étais domestique. »

La première année de l'apostolat de saint François, à Thonon, fut signalée par la publication de l'ouvrage des *Controverses*; et l'*Etendard de la Croix*, composé à l'occasion d'une croix plantée sur la route d'Annemasse, vint glorieusement couronner ses travaux de trois ans. Ecoutons ici la voix la plus sainte, la plus solennelle et la plus autorisée de l'univers. En conférant le titre de Docteur à cette gloire de la Savoie et à cette lumière de l'Eglise, l'auguste Pie IX s'écrie : « Le même talent qu'il déploya dans les sujets ascétiques se retrouve à un degré non moindre dans les ouvrages qu'il écrivit pour vaincre l'obstination des hérétiques de son temps et affermir les catholiques dans les croyances, comme en témoignent le livre des *Controverses*, qui contient une démonstration complète de la foi catholique, divers autres traités et discours sur les vérités de la foi, et enfin l'*Etendard de la Croix;* dans tous ces ouvrages, l'auteur combattit si vaillamment pour la cause de l'Eglise, qu'il ramena dans son sein une innombrable multitude d'hommes égarés, et qu'il rendit tout entière à la fois la province *considérable* du Chablais. Surtout il défendit l'autorité de ce Siége Apostolique et du Pontife romain, successeur du bienheureux Pierre ; il montra avec tant d'évidence la nature et les priviléges de cette primauté, qu'il préluda heureusement aux définitions du Concile Œcuménique du Vatican. Certainement ce qu'il a écrit de l'infaillibilité du Pontife romain, dans le quarantième discours de ses *Controverses,* dont l'autographe a été découvert pendant que le Concile s'occupait de ce sujet, est tellement remarquable, qu'il n'en a pas fallu davantage pour amener, comme par la main, quelques Pères encore hésitants sur ce point, à se prononcer en faveur de la définition de ce dogme (1). »

Écoutons encore Mgr Magnin, notre Evêque, convoquant ses diocésains à un pèlerinage aux Allinges :

« Si nous sommes venus invoquer saint François de Sales au pied des autels sur lesquels l'Eglise l'a élevé, ne lui devons-nous pas un tribut de vénération, d'amour et de reconnaissance sur les lieux qui ont été le premier théâtre de son glorieux ministère, qu'il a arrosés de ses sueurs et de ses larmes d'apôtre, et dont il a fait à l'Eglise, en s'exposant aux plus grands périls, la conquête humainement impossible ? C'est là surtout que saint François de Sales nous apparaît avec le cortége de toutes les vertus ; c'est là que, dans les travaux et les luttes de chaque jour, il formait en lui-même le grand Saint qui, à la conquête du Chablais, devait ajouter la conquête de tous les cœurs, et dont la mémoire bénie devait grandir de siècle en siècle dans l'amour du monde catholique.

« O montagne des Allinges, n'êtes-vous pas le Thabor sur lequel le jeune et intrépide Apôtre allait chaque jour se transformant et se dépouillant de tout ce qui pouvait rester en lui des infirmités et des imperfections de notre nature ? N'est-ce pas sur votre cîme que s'opéra ce merveilleux travail de sanctification qui ceignait son front comme d'une auréole quand il revint à Annecy, après avoir rendu à son illustre diocèse, sinon la plus grande, du moins la plus belle de ses provinces ? Plus que tout autre, le Chablais a droit d'être fier de ce grand Saint ; car c'est au Chablais qu'il s'est donné avant tout, et, à son tour, le Chablais lui appartient comme étant sa glorieuse conquête (2). »

(1) **Bref du 16 novembre 1877.**
(2) **Circulaire du 28 août 1873.**

SEPTIÈME INTERROGATOIRE.

1ᵉʳ inter. — Je sais que le Serviteur de Dieu, ayant employé quatre ans entiers à cette mission du Chablais, et après avoir converti ces trois baillages, il s'en retourna pour rendre compte à son Evêque. J'ai entendu le récit qu'il lui fit. Je sais que l'année 1599, Mgr de Granier, considérant les grands travaux qu'il avait supportés en Chablais et les puissants services qu'il avait rendus à l'Eglise, lui offrit d'être son coadjuteur à l'évêché de Genève, avec espérance de future succession. Trois fois il refusa, par humilité, cette charge ; j'en ai été témoin. Je sais que le dit Evêque envoya son aumônier, le sieur Critain, à Sales, où se trouvait le S. de D. Je sais que le sieur Critain, l'ayant persuadé que c'était la voix de Dieu qui l'appelait, il finit par se soumettre. Je l'ai appris du sieur Critain, décédé il y a quelques années seulement, curé-plébain de Thônes, son pays natal, comme aussi de la propre bouche de Mgr Granier.

Je sais qu'ensuite il fut envoyé à Rome, la même année 1599, par le dit seigneur Evêque, suppliant Sa Sainteté d'admettre l'Apôtre du Chablais pour coadjuteur de l'Evêque de Genève (1).

Je sais, qu'arrivé à Rome, le Pape le reçut avec une joie non pareille. Il fut ensuite examiné solennellement devant Sa Sainteté. Je sais que le S. de D. passa la

---

(1) Cette supplique, datée de février 1599, s'exprime ainsi : « L'Evêque de Genève désirerait grandement faire agréer pour son coadjuteur, avec la future succession, *François de Sales*, prévôt de l'église-cathédrale de Genève, et que Sa Sainteté lui permît par dispense de retenir la même prévôté, et le canonicat dont les revenus n'excèdent pas 80 ducats ; de plus, l'église paroissiale du Petit-Bornand qu'il possède par dispense du Saint-Siège Apostolique, et dont les revenus montent à 200 ducats. (*Œuv. complètes de saint François de Sales*, par Migne. Tom. IV, p. 14.
Le ducat valait alors 2 francs 50 centimes de notre monnaie.

nuit précédente en prières, demandant à Dieu que, s'il l'avait destiné pour le salut de son Eglise, il lui fît la grâce de donner satisfaction par ses réponses, et que, si au contraire il devait être inutile, il plût à sa justice et à sa bonté de le faire tomber en confusion. Trente-six questions lui furent posées, le Pape lui-même lui fit l'honneur de vouloir commencer et finir l'examen. Il répondit avec tant de subtilité, de clarté d'esprit, de modestie, que le Pape dit tout haut : *Nous n'avons jamais examiné personne qui ait répondu de la sorte.* Sa Sainteté fut dans un tel transport d'admiration, qu'Elle se leva de son trône, et, pleurant de joie, vint embrasser le S. de D. encore à genoux, et lui dit tout haut : *Mon fils, buvez l'eau de votre citerne, et distribuez vos eaux par les places.* (Prov. v.; 15, 16). Je sais tout cela pour l'avoir appris du sieur François de Chissé, neveu du dit Evêque, et son vicaire général qui l'accompagna partout à Rome, avec le sieur Georges Rolland, son ancien serviteur. Je sais que la réputation d'un examen si éclatant se répandit dans toute la ville de Rome, où le S. de D. fut dès lors considéré comme un ange. Plusieurs cardinaux, principalement LL. EE. Bellarmin, Baronius, et le cardinal Borghèse, qui a été depuis le pape Paul V, l'honorèrent beaucoup de leurs affections.

2me **inter.** — Je sais que le S. de Dieu, prenant congé du Pape, Sa Sainteté lui donna des Lettres par lesquelles il témoignait sa joie à l'Evêque d'avoir fait choix d'un si digne coadjuteur. Je sais que de là il passa à Lorette pour rendre des grâces à la Vierge, de toutes les conversions des hérétiques. Je sais qu'il y renouvela les vœux qu'il avait faits à Paris entre les mains de la sainte Vierge, et lui offrit les services de toute sa vie. Je sais qu'il fut reçu comme un ange à son arrivée, tant par le dit seigneur Evêque que par tout le peuple. Les lettres-patentes qui le nommaient évêque-coadjuteur, étant pleines de l'estime que Sa Sainteté faisait du S. de D. et de l'admiration qu'il avait donnée à toute la Cour romaine, l'Evêque les fit transcrire à son aumônier pour les communiquer à tout le monde qui en demandait la copie. Je le sais pour avoir été présent à son arrivée. J'ai vu les bulles qui le nommaient évêque expédiées de Rome quelques mois après. Je sais qu'il partageait, avec le grand Evêque dont j'étais le maître de chambre, tous les travaux de sa charge. Mais il ne voulut pas recevoir la consécration épiscopale, tant que Dieu nous laissa mon dit seigneur.

3ᵐᵉ **inter.** — Je sais qu'en 1600, le roi de France Henri IV, étant entré à mains armées dans la Savoie, le S. de D. craignant que, par la licence des guerres, les ministres ne prissent la liberté de rentrer dans le pays de Chablais pour y prêcher leur misérable doctrine, fut envoyé de la part de l'Evêque, prier le roi que cette injure ne fût point faite à l'Eglise. Je sais que Sa Majesté eut sa visite si agréable, qu'il lui dit ces belles paroles : *Pour l'amour de Dieu et de notre Saint-Père le Pape, et en votre considération qui avez si bien fait votre charge, rien ne sera innové en la province du Chablais contre ce qui a été fait pour la foi ; je vous le promets au péril de mon sang.*

Cependant un lieutenant du roi, en Chablais, contre son intention, se saisit de tous les bénéfices ecclésiastiques, et à l'instant que le S. de D. en fut averti, se mit en chemin pour aller traiter avec le lieutenant du roi et lui opposa la promesse royale. Je sais qu'à une lieue d'Annecy, il fut fait prisonnier par les soldats et qu'il fut mené au seigneur de Vitry ; mais celui-ci lui offrit tout service, et lui dit qu'au lieu d'être son prisonnier, il était le sien. Grâce à son concours, le S. de D. obtint du roi la main levée de tous les bénéfices, et de la sorte, par son entreprise, les curés furent rappelés et les églises paroissiales érigées par tout le Chablais. Je le sais pour l'avoir appris de la propre bouche du sieur Georges Rolland, et de Claude Vellut, de Thorens, qui l'accompagnaient dans son voyage.

4ᵐᵉ **inter.** — Je sais que le pays de Gex, étant demeuré au roi très-chrétien, par traité de paix avec Son Altesse de Savoie, le S. de D. fut député vers le roi par le clergé, pour traiter des affaires de l'Eglise au dit pays ; c'était l'an 1602. Après avoir pris les avis du nonce, il alla faire sa révérence au roi, lui adressa une harangue très-judicieuse sur le sujet de sa députation.

Il obtint du roi une partie de ce qu'il demandait en faveur de l'Eglise, et par les négociations qu'il eut ensuite avec le baron de Lux, le lieutenant du roi, ses ministres d'Etat, et avec la reine Marie de Médicis, régente après la mort de ce roi, le S. de D., par une persévérance de treize à quatorze ans, obtint l'entier établissement de la *religion catholique* dans le dit pays de Gex. Je le sais pour l'avoir appris du président Favre qui l'accompagnait à Paris, et pour avoir été présent aux négociations qu'il eut avec le baron de Lux. Je sais qu'en même temps sa réputation fut si grande dans Paris, que les princes, princesses, tous les grands de la cour et le peuple de toutes conditions parlaient de lui comme d'un saint personnage, tellement qu'il fut prié de prêcher le Carême à la salle du Louvre. Il le fit avec l'admiration de toute la cour, et je sais qu'il convertit plusieurs hérétiques de qualité. Je sais que Mme la princesse de Longueville, lui ayant présenté une bourse pleine d'or pour les émoluments des prédications du Carême, il la remercia et refusa son présent en disant : *Je donne gratuitement ce que Dieu m'a donné, sans attendre autre récompense que celle qui est préparée dans le Ciel pour ceux qui cultivent la vigne du Seigneur.* Je sais même que le roi voulut l'ouïr, qu'il dit ensuite qu'il n'avait jamais entendu un plus éloquent prédicateur ; il le nomma le *phénix* des Evêques, disant que c'était l'unique en qui il avait trouvé toutes les qualités, la noblesse, la doctrine et la piété. Il le nommait encore le véritable enfant de Dieu, qui ne savait point la manière de flatter. Je sais qu'il fit tout son possible pour le retenir en France, et qu'il lui offrit le premier archevêché qui serait vacant.

(Suivent les signatures.)

HUITIÈME INTERROGATOIRE.

Episcopat. — Charges de son Episcopat. — Observation des Commandements de Dieu.

EPISCOPAT.

1er inter. — Interrogé s'il sait comment le S. de D. se comporta dans son épiscopat, il répond :
Je sais que l'année 1602, le 8 décembre, jour de la Conception immaculée de la sainte Vierge, il fut consacré Evêque en l'église paroissiale de Saint-Maurice de Thorens, par les mains de Mgr Vespasian Gribaldi, archevêque de Vienne, Thomas Pobel, évêque de Saint-Paul, et Jacques Maistret, évêque de Damas, en présence d'un grand nombre de nobles et d'ecclésiastiques ; j'étais présent.
Je sais qu'il s'acquitta très-dignement de tous les devoirs que les canons exigent d'un bon évêque ; je suis témoin qu'il célébrait tous les jours la sainte Messe et les jours de principales fêtes de l'année pontificalement, s'il n'était retenu par quelque grave maladie. Je l'ai vu assembler tous les ans des synodes, établir de beaux statuts pour les règlements du Clergé, dont le principal a été de faire observer rigoureusement les sacrés canons du Concile de Trente.
Je l'ai vu donnant les ordres sacrés à tous les temps fixés par l'Eglise ; je l'ai accompagné faisant ses visites dans tout le diocèse avec des peines incroyables ; je suis témoin qu'il prêchait continuellement dans les villes, les bourgades, les plus petites paroisses, convertissant partout un grand nombre de pécheurs publics et d'hérétiques.
Je sais qu'il réformait les monastères de son diocèse

qui n'étaient pas dans l'observance de leurs règles, et cela par l'autorité de Paul V.

Je sais qu'au commencement de son épiscopat, l'an 1603, il fut empoisonné dans le dit pays de Gex, par les hérétiques du lieu, pour avoir converti deux hérétiques, gentilshommes de la suite du sieur de Bellegarde, l'un nommé M. de Vanydemer, et l'autre M. de Marqueron ; ils entendirent une longue dispute que le S. de D. eut avec le seigneur Déprès, hérétique qu'il confondit si visiblement, que les sus-nommés se convertirent le lendemain, se confessèrent et reçurent la communion des propres mains du S. de D. C'est en haine de cela que les ministres l'empoisonnèrent, et le poison fut si violent, que nonobstant le contre-poison que lui fit prendre le médecin de M. de Bellegarde, il tomba dans une violente fièvre et pensa mourir ; j'étais présent à tout ce que dessus.

2me **inter**. — Je sais que l'année 1616 il envoya son frère, J.-F. de Sales, son vicaire-général, à Rome, pour exposer à Sa Sainteté l'état du diocèse, prendre ses ordres pour y établir la parfaite discipline ; et je sais que le cardinal Jérôme Pamphyle, lui faisant réponse sur le sujet de cette négociation, bénit Dieu d'avoir donné à ce pays infecté d'hérésies un pasteur si doux, si zélé, si vertueux et si vigilant ; j'ai vu la lettre du dit Cardinal. Je sais que vers la même époque, le S. de D. fit respecter sa charge épiscopale par le souverain Sénat de Savoie. Le dit Sénat de Chambéry, ayant voulu le contraindre de lancer un monitoire injustement, il lui résista en face, et plutôt que de soumettre l'autorité épiscopale à la juridiction laïque, il souffrit la saisie de son temporel ; mais, bientôt après ceux du Sénat levèrent leur arrêt, lui firent excuse, admirant également sa constance et sa patience ; j'étais présent.

COMMANDEMENTS DE DIEU.

3me **inter**. — Interrogé s'il sait que le S. de D. ait observé tous les commandements de Dieu, avant et pendant son Episcopat, il répond :

Je sais qu'il a été si exact à l'observance de ces commandements, que la moindre ombre du péché lui donnait de l'horreur, comme je l'ai remarqué tout le temps que j'ai eu l'honneur de le suivre ; je sais qu'il se confessait tous les jours.

Ier COMMANDEMENT. — Il l'a observé parfaitement, adorant Dieu tous les matins ; et ayant ordonné à ses domestiques de l'adorer, et leur ayant assigné l'heure de l'oraison le matin et le soir, et ayant fait de beaux règlements pour leur conduite et pour la sienne même, lorsqu'il fut évêque ; j'ai vu pratiquer tous ces règlements dans son palais pendant tout le temps que j'y ai habité. Tout ce que j'ai déposé sur sa piété pendant ses études et ses travaux en Chablais prouve qu'il était fidèle observateur du Ier commandement.

IIme COMMANDEMENT. — Il l'a parfaitement observé, ayant horreur du blasphême et du jurement, comme j'ai déposé plus haut.

IIIme COMMANDEMENT. — J'ai déjà déposé avoir appris de sa mère et de ses condisciples, pendant son enfance et son adolescence, qu'il entendait la messe les jours de fêtes et de dimanches avec une modestie angélique. Et depuis qu'il fut Evêque, je l'ai vu, après avoir célébré les offices divins, prêcher, catéchiser, visitant les prisonniers et les malades, chez lesquels je l'ai accompagné en mille rencontres.

IVme COMMANDEMENT. — Quant au IVme commandement, j'ai ouï dire à Monsieur son père et à Madame sa mère que jamais enfant ne fut plus respectueux ni plus obéissant, ce que son père témoigna en mourant l'an 1601 ; il ordonna à ses autres enfants de le reconnaître après sa mort comme leur père et de lui obéir en cette qualité ; ce que m'ont raconté les propres frères du S. de D.

Vme COMMANDEMENT. — Je sais que tant s'en faut qu'il ait été homicide de fait ni de volonté, qu'au contraire il a pardonné les injures les plus atroces. Comme l'an 1616, un avocat, son taillable, nommé Pellet, ayant eu l'audace de tirer du pistolet à ses fenêtres, étant tombé entre les mains de la justice qui l'avait condamné à mort, le S. de D. obtint sa grâce du prince.

VIme COMMANDEMENT. — Il a scrupuleusement observé le VIme commandement. J'ai déjà déposé qu'il fit vœu de virginité à Paris, qu'il repoussa une infâme courtisane à Padoue.

VIIme COMMANDEMENT. — Je sais que, non-seulement il n'a jamais retenu le bien d'autrui, qu'au contraire il a donné ce qui lui appartenait aux pauvres, même ses propres habits. Au gros de l'hiver, l'an 1609, il quitta sa chemisette qu'il donna à Claude Gerod, maître de l'école de Cluses, qui était dans une pauvreté extrême ; celui-ci n'osa la porter mais la conserva, par respect, comme une relique ; j'ai vu la dite chemisette qui était toute neuve et la même qu'on lui avait donnée ce matin-là.

VIIIme COMMANDEMENT. — Je sais que, dès son enfance, il était si ennemi du mensonge, qu'on n'a jamais remarqué en sa vie qu'il ait dit une seule parole contre la vérité ; pour son enfance, je l'ai appris de Madame sa mère et des anciens officiers de la maison ; pour le reste de sa vie, j'en ai été témoin oculaire.

IXme COMMANDEMENT. — Je sais qu'après sa mort les médecins de Lyon, principalement M. Pancrace Marcellin, ayant visité son corps pour l'embaumer, publièrent hautement que son corps était vierge comme celui d'un enfant ; je le sais parce que j'étais présent.

Xme COMMANDEMENT. — Je sais que, loin de convoiter le bien d'autrui, il relâchait par compassion celui qui lui appartenait ; comme il fit aux parents d'un curé de Morzine dont il avait reçu l'héritage : il l'abandonna pour 20 ducatons, bien qu'il valût dix fois plus. J'étais présent à la plainte que lui en fit le sieur Georges Rolland, disant que s'il continuait, il se réduirait à la mendicité ; ceci arriva, si je ne me trompe, en 1613.

Je sais qu'il a refusé de grosses pensions de Son Altesse de Savoie, Charles-Emmanuel, et même l'abbaye de Ripaille, l'une des plus riches de la province, en 1612, après la mort du seigneur Thomas Pobel, évêque de Saint-Paul (1).

---

(1) Oncle maternel du célèbre Père Monod, jésuite, confesseur de Madame Royale, Christine de France, illustre et noble victime de

Interrogé si le S. de D. a eu soin de faire observer les commandements de Dieu dans son diocèse, il répond :

Je sais qu'il n'a rien oublié de ce qui a été possible pour faire observer les commandements de Dieu dans son diocèse, comme il appert par le soin qu'il mit d'établir le catéchisme dans la ville d'Annecy, et ordonnant à tous les curés de son diocèse de le faire tous les dimanches à leur peuple. J'ai vu, comme toute la ville d'Annecy a vu, avec quel grand soin il enseignait les petits enfants et les grandes dames chaque dimanche.

Interrogé s'il a porté toutes les vertus à un *degré héroïque* ?

Il répond : Qu'il lui suffit de dire seulement quelques mots sur les vertus théologales et cardinales. L'héroïcité de sa foi apparaît dans tous ses travaux de la conversion du Chablais ; la fermeté de son espérance, en surmontant la violente tentation qui l'assaillit à Paris. Sa charité envers Dieu et le prochain est évidente dans toutes ses actions dont j'ai déjà parlé, et particulièrement dans la conversion d'un grand nombre d'hérétiques que l'on croit s'élever à 72,000 en toute sa vie.

Pour les vertus morales, je dis qu'il fit paraître une très-haute prudence dans toutes les négociations qu'il entreprit auprès des rois et des grands de ce monde, que sa justice était connue des plus grands princes, qui le désiraient pour arbitre. La vertu de force apparaît merveilleusement quand il s'exposait au péril évident de sa vie pour la conversion de l'hérésiarque Bèze.

Pour sa tempérance, je sais que dès son adolescence, lorsqu'il étudiait à Paris, son précepteur Déage m'a assuré qu'il portait le cilice trois fois la semaine : le mercredi, le vendredi et le samedi, et que déjà alors il jeûnait trois fois la semaine ; plus tard j'en ai été témoin pendant vingt ans.

(Suivent les signatures.)

---

la haine de Richelieu, diplomate habile, écrivain fécond. (Voir le *Père Monod et le cardinal Richelieu*, par M. le général Dufour et M. Rabut, professeur d'histoire au Lycée de Dijon. — Chambéry, 1878).

NEUVIÈME INTERROGATOIRE.

Il est doué de dons surnaturels. — Prodiges qu'il opère pendant sa vie.

1ᵉʳ inter. — Interrogé si le S. de D. a été avantagé de dons surnaturels ?

Il répond : Oui, j'ai été témoin de plusieurs, et les autres je les ai appris de personnes dignes de foi, qui les avaient vus.

1° L'an 1613, le jour de Pentecôte, j'étais présent à l'église Cathédrale, lorsqu'une colombe, qui devait sortir du milieu des flammes d'une machine placée dans l'église, vint se poser sur la tête du S. de D., qui célébrait pontificalement, et y demeura un bon espace de temps sans que personne osât y porter la main pour la chasser ; le S. de D. paraissait alors en extase. Les chanoines et tout le monde publièrent que cette colombe représentait la plénitude du Saint-Esprit qui reposait sur leur saint Evêque ;

2° J'étais présent, l'an 1614, lorsque le même S. de D. célébra pontificalement la messe en l'église collégiale d'Annecy. Une colombe entra par une fenêtre du chœur ; ayant voleté çà et là dans l'intérieur, autour de l'église, elle vint se poser sur l'épaule du S. de D. et puis sur son giron, étant assis sur son trône. Tous les assistants qui l'ont vue comme moi étaient dans l'admiration, criant à haute voix : *Vraiment notre Evêque est un Saint* ;

3° L'an 1615, le jour de la fête de l'Annonciation de la sainte Vierge, le S. de D. étant de retour des vêpres et s'étant retiré dans son oratoire pour dire son chapelet et pour méditer sur la grandeur du mystère du jour, comme étant anéanti en cette pensée, un globe de feu tomba sur sa tête, se partagea en diverses étincelles, le couvrit tout de feu, rendit son visage resplendissant comme un astre, sans que pourtant il n'en ressentît aucun dommage ni en ses habits ni en sa personne. Mais son âme fut investie d'une suavité de consolations intérieures si abondantes, qu'il tomba en syncope. Je le sais pour l'avoir appris de M. le comte de Sales son frère, qui, étant entré par mégarde dans sa chambre, le trouva revenant de sa pamoison, ayant encore le visage tout rayonnant. Celui-ci le força de lui raconter cette faveur, mais avec promesse d'en garder le secret. Quelque temps après, je trouvais, dans un livre qu'il portait dans sa poche, ces paroles écrites de sa main : *le jour de l'Annonciation : Hodie Servum suum Franciscum misericorditer visitare dignatus est Dominus ;* Aujourd'hui le Seigneur, dans sa miséricorde, a daigné visiter François son serviteur. — Et ayant montré cet écrit à M. le comte de Sales, il me raconta toute l'affaire. Cette faveur arriva dans la maison de M. le président Favre, dans une chambre qu'en mémoire de ce prodige on conserve avec respect.

2me **inter.** — Interrogé s'il sait que le S. de D. ait opéré quelques prodiges pendant sa vie ?

R. Sur l'instance des juges commissaires apostoliques, le témoin donne du miracle une définition conforme à la théologie et à la philosophie.

Je sais, dit-il, que durant sa vie il a fait plusieurs miracles :

1er MIRACLE. — L'an 1598, je sais que dans Thonon il ressuscita un enfant d'une femme hérétique, qui lui promit de se convertir si son enfant revenait à la vie pour qu'il pût recevoir le baptême. Le S. de D. rencontra le cercueil qu'on portait au cimetière ; on le vit élever les yeux vers le ciel, et aussitôt l'on entendit les cris de l'enfant revenu à la vie. Cette femme se convertit avec toute sa famille ; j'ai appris ce miracle du sieur Bouverat, prêtre, qui était présent, et de Mgr de Granier, auquel la relation fut envoyée ; et je sais que ce miracle fut si public, que le P. Chérubin le prêcha publiquement dans Thonon (1).

(1) Pour perpétuer le souvenir de ce miracle, dont il fut témoin oculaire, le prêtre Bouverat, dix-neuf ans plus tard, fit élever un sanctuaire sur le lieu même où saint François se mit à genoux pour demander à Dieu ce prodige ; c'est la chapelle placée à l'entrée du cimetière de Thonon, sur la porte de laquelle on lit encore : PIERRE BOUVERAT, 1617.

2ᵐᵉ Miracle. — Je sais que le S. de D. fut à Proméry, près d'Annecy, dans le château du sieur Favre René, fils du président, un jour qu'on lui amena un des domestiques de M. de Monthoux, voisin de là (2), le nommé Bouvard, lequel, depuis quelque temps, était devenu fou furieux qui courait les champs et même se trouvait en grande frénésie à l'heure qu'on le conduisit au S. de D. Il le prit par la main, le regarda, le promena deux ou trois tours par la salle ; puis, en lui parlant, lui mit la main sur la tête, lui tira un peu les cheveux. Ce pauvre homme fut à l'instant guéri, s'en retourna en bon sens avec ceux qui l'avaient amené.

Je n'accompagnais pas mon vénéré maître en ce voyage, mais tout ce que je viens de dire je l'ai appris du seigneur de Monthoux et de plusieurs autres ; ce qui arriva l'an 1620. Il est connu et notoire à tous qu'aucun remède ne fut donné au susdit frénétique.

Le lecteur ne lira pas sans intérêt des détails plus complets que nous donne René Favre, dans sa déposition, faite quelques jours avant celle du domestique du S. de D. :

« Je me souviens qu'un jour de l'année 1620, le véné-
« rable Serviteur de Dieu daigna m'honorer d'une visite
« dans ma maison de Proméry. On lui conduisit un
« certain domestique du baron de Monthoux, nommé
« François Bouvard, tellement en proie à la folie et à la
« rage, qu'il brisait tout ce qu'il rencontrait sur son pas-
« sage. Quatre ou cinq hommes étaient à peine suffisants
« pour le tenir ; je fus présent lorsque cinq autres do-
« mestiques du dit baron le conduisirent et le présen-
« tèrent au S. de D. Emu de la plus tendre compassion,
« le saint Prélat, ayant élevé les yeux au ciel, fit une
« courte prière, plaça la main sur sa tête, lui tira légè-
« rement les cheveux et dit ensuite : *Laissez-le s'en*
« *aller seul, désormais il ne fera plus de mal ni d'in-*
« *jures à personne.* Je suis témoin qu'à l'instant ce
« frénétique furieux fut complètement guéri, s'en retour-

(2) Le château de Monthoux, possédé aujourd'hui par le jeune baron de Livet de Sonnaz, est éloigné d'un kilomètre de Proméry.

« na au château avec le plein usage de ses facultés. Je
« sais qu'il était malade depuis trois mois, que jamais
« depuis il n'a donné aucun signe de folie. Je l'ai vu
« venir remercier le S. de D., qui habitait notre maison
« d'Annecy (1). »

3ᵐᵉ Miracle. — Je sais qu'un prêtre de ce diocèse, de la ville de Rumilly, nommé Lachenal, tomba dans une fureur et frénésie si grandes qu'il courait les champs. Il vint en cette ville faisant toutes sortes d'extravagances, même dans les églises ; ce qui fut rapporté au S. de D. Il me commanda de faire en sorte qu'on puisse l'amener dans son logis pour le faire serrer dans une chambre ; ce à quoi je vaquais un dimanche toute la matinée. Nous le suivons partout en le flattant, mais il me faisait reculer, me menaçant de me tirer des coups de pierres, néanmoins je parvins à l'amener dans le logis du S. de D. ; je l'enfermai dans une chambre par force après l'avoir fait saisir par cinq ou six personnes ; il y demeura pendant quelque sept ou huit jours. Le S. de D. l'alla voir par la fenêtre, l'encouragea, parlant doucement (sans doute il priait), lui mit la main sur la tête et après commanda qu'on ouvrît la porte et qu'on le mît en liberté ; ce qui fut fait, et il sortit tout à fait guéri de sa frénésie. Je le vis s'en aller, et je sais qu'aucun remède ne fut jamais donné au susdit prêtre et que chacun attribue à sa guérison un miracle manifeste.

4ᵐᵉ Miracle. — J'ai vu souvent amener vers le S. de D. des possédés et des maléficiés, tant du diocèse que de Tarentaise et autres. En les voyant, le S. de D. connaissait s'ils étaient possédés ou non ; c'était pitié de les voir et de les entendre près du logis, mais le S. de D. les confessait, les communiait la plupart, disait la sainte messe pour eux et les renvoyait parfaitement guéris. Je lui ai entendu dire certaine fois : *Ces pauvres gens pensent que je fasse des miracles, mais ils se trompent bien.*

(1) On sait que le saint Évêque habita, pendant les douze dernières années de sa vie, la maison du président Favre, rue Sainte-Claire, n° 18. Assez souvent les pèlerins étrangers à notre pays, après avoir vénéré le tombeau du Saint, vont visiter les restes de cet ancien évêché, aujourd'hui occupés par le Tribunal de la judicature de paix.

5ᵐᵉ Miracle. — L'année 1622, quelques mois avant sa mort, un dimanche d'octobre, le S. de D. alla visiter un honnête bourgeois de cette ville, la veuve duquel ensuite j'ai épousée ; il y trouva l'honorable Pernette Gard, sœur de ma femme, et femme de Mᵉ Décroux, notaire, laquelle tenait entre ses bras sa petite fille qui avait en ce moment un violent accès de fièvre dont elle souffrait depuis longtemps. Le S. de D. la prit par le menton, la caressant, lui donna sa bénédiction et s'en alla aussitôt ; il ne pouvait être qu'au milieu des degrés quand la fille dit à sa mère : *je suis guérie*, et jamais depuis elle n'a ressenti aucun accès : Je puis l'attester, j'avais accompagné mon béni maître en cette visite.

(*Suivent les signatures.*)

DIXIÈME INTERROGATOIRE.

QUELLE A ÉTÉ LA RENOMMÉE DE SA SAINTETÉ ?

1ᵉʳ inter. — Cette renommée a-t-elle été universelle : 1° chez le peuple et chez les grands du monde ; 2° auprès des grands dignitaires de l'Eglise ?

1° R. Je sais que, durant sa vie, il a été tenu et réputé pour un très-grand Saint, non-seulement par des particuliers, mais par des villes entières. L'an 1614, étant allé à Sion en Valais pour assister au sacre de Mgr l'Evêque, après qu'il eut prêché, tout le monde fit des exclamations et le publiait saint, les femmes mêmes accouraient de toutes parts, apportant leurs enfants qu'elles élevaient sur leur tête les unes des autres pour leur faire recevoir sa bénédiction : j'étais présent avec les sieurs G. Rolland, Noël Roget, Bernard de Sales baron de Thorens, et le dit Mgr Evêque de Sion, qui tous en furent témoins oculaires.

2° Je sais que les docteurs, les cardinaux, les archevêques et les évêques, les abbés des monastères et jusqu'aux papes mêmes ont toujours tenu le S. de D. comme un saint et un très-grand ami de Dieu. Je l'ai entendu nommer tel par Mgr de Berulle, par Mgr de Villard, archevêque de Vienne, par Mgr le cardinal de Marquemont, archevêque de Lyon. J'étais présent au second voyage qu'il fit à Paris en 1619, avec le président Favre, lorsqu'il refusa la qualité de coadjuteur de l'archevêché de Paris, que Mgr le cardinal Reth lui offrit dans Fontainebleau avec de très-grandes instances, alléguant la grande sainteté de l'Evêque de Genève.

2ᵐᵉ **inter.** — Cette réputation de sainteté a-t-elle été bornée à une localité, ou bien a-t-elle gagné les lieux les plus éloignés ?

R. Je sais que la réputation de cette sainteté n'a pas seulement été répandue en un lieu, mais dans tous les lieux où le S. de D. a paru : Paris, Orléans, Dijon, Grenoble, etc., etc., dans la contrée de Bourgogne, la Franche-Comté ; partout, je sais qu'on parlait de lui comme d'un Saint. J'ai appris de M. le marquis de Lullin, qui fut ambassadeur pour Son Altesse de Savoie à la cour de l'Empereur, en Allemagne, qu'on ne parlait de lui publiquement que comme d'un Saint, et qu'on le comparait, les uns à saint Augustin, les autres à saint Grégoire, les autres à saint Ambroise (1). Il m'a assuré qu'il jouissait de la même réputation en Flandre, à la cour de l'archiduchesse.

J'ai appris des sieurs Pierre Magnin et Tronchat, qui accompagnèrent à Rome le frère et vicaire-général du S. de D., que dans tous les lieux où ils passaient en Italie, ils trouvèrent la même estime et la même réputation de sainteté.

Je sais que par tous les lieux où ses admirables ouvrages ont paru, c'est-à-dire par toute l'Europe, la même réputation a été répandue *universellement*.

3ᵐᵉ **inter.** — Interrogé quand et où cette réputation

(1) C'est ainsi que les membres de la cour de la savante Allemagne plaçaient saint François de Sales à côté des grands Docteurs de l'Eglise, deux siècles avant que le Successeur de saint Pierre lui eût décerné le titre de docteur.

a commencé, si elle a toujours persévéré, si elle n'a point été interrompue, si elle est allée en grandissant ou en s'affaiblissant ?

R. Je sais que cette réputation commença dès son enfance, comme j'ai déposé ci-dessus, qu'elle se répandit plus amplement pendant ses études à Paris et à Padoue. Les R^{ds} PP. Suarez et Possevin, jésuites de haut mérite, le considéraient comme un ange, le proposant à ses condisciples comme un miroir de perfection. Je sais que cette réputation se dilata surtout à Padoue, lorsque toute la ville connut sa pudeur angélique dans une circonstance que j'ai déjà signalée. Je sais que cette renommée fut en son plein jour dans la mission du Chablais, ce qui est suffisamment établi par ma réponse aux interrogatoires précédents. Elle fut encore plus célèbre à Paris en 1602, comme je l'ai établi ailleurs. Loin de diminuer, cette réputation allait grandissant à Paris où j'ai eu le bonheur de l'accompagner en son deuxième voyage, en 1619. Les plus grands de la cour me donnaient des linges pour mettre dans ses poches ; lesquels linges ils conservaient comme des reliques, ainsi que tout ce qu'ils pouvaient avoir qui lui eût servi. Témoin de cette grande vénération des grands et des petits, je sais que le roi Henri le sollicita de devenir le coadjuteur de l'archevêché de Paris. Le S. de D. remercia Sa Majesté par ces paroles : « Dieu m'ayant attaché à l'Eglise de Genève, quoique pauvre, je lui dois une éternelle félicité : *je ne veux l'abandonner pour une plus riche.* »

(Suivent les signatures.)

ONZIÈME INTERROGATOIRE.

SA MORT. — LES CIRCONSTANCES QUI L'ONT PRÉCÉDÉE, ACCOMPAGNÉE ET SUIVIE.

Circonstances qui ont précédé et accompagné sa mort.

1er inter. — Interrogé s'il connaît les circonstances qui ont précédé, accompagné et suivi la mort du S. de D.?
R. Je sais qu'il a été doué du don de prophétie, et qu'il prédit sa mort avant son départ d'Annecy à Messieurs de la cathédrale, lorsqu'ils vinrent prendre congé de lui, à quoi j'étais présent; il la prédit encore au dernier voyage qu'il fit allant à Avignon, et dans le dernier entretien qu'il eut avec les Sœurs de la Visitation de Lyon, le jour de saint Étienne, deux jours avant son trépas. Je l'ai appris de la R^{de} Mère de Blonay, supérieure du dit monastère. Je sais qu'il eut la prévision de son heureux trépas : le jour de saint Jean, le matin en se levant, il me dit : *Je sens ma vue diminuer, il faut s'en aller et bénir Dieu.* Je sais qu'il se confessa au sieur Brun, confesseur des Sœurs, et qu'il dit la sainte messe avec une dévotion extraordinaire. Je sais que, sentant sa fin prochaine arriver, il se retira dans la chambre du jardinier de la Visitation de Bellecour, je ne le quittais plus. Vers les deux heures de l'après-midi du même jour, il fut saisi d'une apoplexie. Le R. P. Barnaud, jésuite, étant accouru, lui suggéra des actes de foi, d'espérance, d'amour de Dieu et de contrition; tous les assistants fondaient en larmes. Et

comme la léthargie n'était pas si profonde, à tous les bons instants, il avait en bouche les admirables passages des psaumes de David qui montraient comme il attendait la mort avec joie (1). Je fus présent lorsqu'il fut visité par M. de Damas, et M. de Menard, grand-vicaire de l'Archevêque de Lyon, et de tous les supérieurs des maisons religieuses. Je fus présent lorsqu'il fit sa profession de foi entre les mains du P. Maniglier, jésuite savoyard qu'il aimait particulièrement (2). Je l'entendis dévouer son entendement, sa mémoire et sa volonté en hommage à la très-sainte Trinité, unissant, par amour, tout ce qu'il souffrait à la Passion de N.-S. J.-C. Par ordre du susnommé grand-vicaire, le Saint-Sacrement fut exposé dans toutes les églises pour demander sa guérison. Je fus présent lorsqu'il reçut le sacrement de l'extrême-onction avec un jugement sain et entier, répondant à toutes les demandes qu'on lui faisait, et aux prières de l'Eglise. Je l'entendis quand il pria le R. P. Maniglier de lui inculquer souvent des passages de la Sainte-Ecriture. J'étais à côté de mon si tendre Père, lorsque le susdit R^d Père, le voyant à l'agonie, commença les litanies des Saints. Arrivé à ces mots : *Omnes Sancti Innocentes, intercedite pro eo,* il répéta cette invocation trois fois, parce que c'était la fête des Saints-Innocents, et à la troisième, le Serviteur de Dieu rendit son âme innocente entre les mains de son Créateur, avec une grande douceur et tranquillité, le xxviii décembre 1622, et de son âge la cinquante-cinquième année ; c'était entre les huit et neuf heures du soir.

(1) La déposition de René Favre ajoute à ces détails que l'illustrissime moribond tenait le chapelet entre ses mains.
(2) Le Père Maniglier, plus tard missionnaire en Syrie, était natif de Manigod, neveu du célèbre Balthazar Maniglier que le Saint-Père avait nommé vice-préfet de la sainte Maison de Thonon, et qu'à son départ, saint François de Sales nomma préfet et premier curé de cette cité, année 1599.
Le crucifix que notre compatriote le Père Maniglier appliqua sur les lèvres mourantes de saint François de Sales, et qui reçut son dernier soupir, a été conservé à Lyon avec le plus grand soin. Depuis quelques années, cette précieuse relique est entre les mains de M. Vacheret, archiprêtre, curé de Belleville (Rhône). Ce vénérable Curé, démissionnaire depuis quelques mois, nous assure, par sa lettre du 22 avril 1877, que ce crucifix fut emporté de la Visitation de Bellecour, à la Révolution de 93, par une Religieuse de Lyon.

Circonstances qui ont suivi sa mort.

1° A LYON.

1er inter. — Sa mort ne fut pas plutôt divulguée, que de toute la ville on accourut pour rendre honneur à ce corps vénérable, chacun le publiant saint ; il y eut un tel concours, que les chirurgiens destinés à l'ouvrir pour l'embaumer, eurent de la peine à le faire. Je sais que tout son sang fut ramassé et qu'on râcla jusqu'aux carreaux sur lesquels il en était tombé. Je sais que l'on gardait ses mouchoirs comme des reliques, et que son cœur fut remis à la Sœur de Blonay, supérieure de la Visitation où accourut une foule innombrable de peuple de toutes conditions. Le prieur des Feuillants de Lyon fit la harangue qui fut moins funèbre que panégyrique ; tellement que chacun le comparait aux autres saints évêques de leur ville, Irénée, Just et Nizier. Je dis que l'opinion de sa sainteté fut si grande, que Messieurs de la ville de Lyon firent opposition au transport de son corps hors de la ville ; il fallut envoyer quérir son testament. Sans un ordre exprès de Sa Majesté très-chrétienne, jamais le sacré dépôt n'aurait été remis pour être transporté à Annecy ; je sais tout cela parce que j'étais présent et que je n'ai jamais abandonné la sainte dépouille. Je dis aussi que lorsque l'on portait son corps par la ville, un chanoine de Saint-Nizier, voyant que des gens du vulgaire étaient porteurs, il s'écria tout haut au milieu de la rue : Quoi ! mes frères, souffrirons-nous que le corps d'un Saint soit porté par des laïques ? A l'instant il se mit sous la bière, et ses confrères l'ayant secondé, ils le portèrent jusqu'à l'église des Récollets, au faubourg de la Croix-Rousse ; je l'accompagnais.

Je sais que depuis Lyon jusqu'à Annecy, partout où l'on passa avec la précieuse dépouille, les paroisses entières accouraient pour baiser la bière ; c'était vers la fin de janvier 1623.

2° A ANNECY.

3ᵐᵉ inter. — Arrivé à Annecy, la bière fut portée presque en triomphe à l'église du Saint-Sépulcre, et déposée, par révérence, sur le tombeau du B. André d'Antioche, où le corps reposa trois jours avec un concours continuel de peuples. Il fut ensuite porté à la cathédrale, soit l'église Saint-François, où il avait célébré sa première messe. Tout le chœur de l'église était tendu en blanc; il fallut apposer son image sur le cercueil pour la consolation du peuple qui fondait en larmes. On y plaça aussi deux vases de fleurs de lys pour témoigner l'estime universelle qu'on avait de sa virginité. Un long et pompeux éloge fut prononcé par le confesseur du Serviteur de Dieu, qui était le Père Philibert, de Bonneville, capucin. Enfin il fut transféré en grandes pompes dans l'église de la Visitation; et parce que l'on trouva quantité d'eau au milieu de l'église où il avait ordonné d'être enterré, par son testament, il fut mis en dépôt dans la sacristie du monastère, jusqu'à ce que l'on eût préparé un sépulcre. Le dix de juin de la même année 1623, son frère et digne successeur, l'évêque Jean-François de Sales, assisté du clergé, transporta la sacrée dépouille à l'église de la Visitation, la déposa dans le sépulcre, dans deux châsses, l'une de noyer et l'autre de plomb. Je sais tout ce que dessus pour l'avoir vu et assisté à toutes les cérémonies (1).

(Suivent les signatures.)

---

(1) Le témoin déposant donne de très-longs détails sur le tombeau du S. de D., qui sont parfaitement identiques aux précieux documents inédits que vient de publier M. le chanoine Mercier, curé de Saint-Maurice d'Annecy *(Souvenirs historiques d'Annecy, 1878.)*

DOUZIÈME INTERROGATOIRE.

Diverses translations du corps du Serviteur de Dieu. — Culte privé qui a été universellement rendu à sa mémoire et à sa dépouille, depuis sa sépulture jusqu'en 1656.

LIEUX OU REPOSA LE CORPS DU SERVITEUR DE DIEU.

1ᵉʳ inter. — Interrogé s'il sait que le Serviteur de Dieu a toujours reposé dans le même lieu ?

R. Je sais que le sépulcre où il fut déposé était élevé de la hauteur d'un pied et demi au-dessus de terre, dans le presbytère, du côté de l'épître. Je sais que cette petite église de la Visitation fut abattue en 1643, pour en bâtir une plus grande, à raison des peuples qui accouraient de tous les pays pour venir demander des grâces à Dieu par l'intercession de son Serviteur, et par dévotion visiter son tombeau. Il fut transporté dans une chambre qui servait pour lors de sacristie au dit monastère, où il demeura en dépôt jusqu'à l'année 1648. La nouvelle église étant parachevée, le 10ᵐᵉ juillet de la dite année, il fut transféré dans la chapelle des Saints-Innocents, au lieu où il est à présent. Il y fut déposé par les mains de Mgr Charles-Auguste de Sales, notre Evêque, assisté de son clergé, avec des flambeaux et des draps *mortuaires,* sans qu'on lui rendît aucun culte extérieur que l'on a coutume de rendre aux Saints (1) ; je le sais, parce que je l'ai vu.

(1) On s'aperçoit que le témoin n'ignore pas qu'il répond à des commissaires apostoliques qui ont sans cesse sous les yeux le décret de *non culte* porté par le Pape Urbain VIII. Un canoniste, sans doute membre d'une Congrégation romaine, nommé Jean Fabrius, avait écrit que les honneurs rendus au corps de François de Sales, à ses funérailles ou à diverses translations, étaient contraires au décret d'Urbain VIII ; mais, ayant subitement perdu la vue et l'usage de la parole, il ne fut guéri de son infirmité qu'après avoir rétracté son sentiment. *Benedicti Papæ XIV, doctrina de servorum dei Beatificatione et beatorum canonizat. ad synopsim redacta ab Emm. de Azevedo, S. J.* — Paris, 1862.

CULTE PRIVÉ ET UNIVERSEL.

2me **inter.** — Je sais que, dans la chapelle où reposaient les restes du S. de D., on mit un sépulcre de bois plastré, sur lequel il y avait deux colonnes peintes de violet, et entre les deux son portrait représentant le S. de D. au vif, offrant un livre à quelques religieuses peintes autour de lui. Autour du dit sépulcre il y avait plusieurs inscriptions, épitaphes, des lampes et cierges non allumés, des dons, vœux et autres choses que les peuples envoyaient de toutes parts en signe d'actions de grâces. Presque tous ces objets y restèrent ainsi jusqu'à ce que certains décrets apostoliques eussent été signifiés aux religieuses de la Visitation (1). Celles-ci, pour obéir au Saint-Siége, firent enlever le dit tableau, les colonnes, les ex-voto, les cierges, etc., etc., en sorte qu'à présent la chapelle n'est ornée que comme les autres. Toutes lesquelles choses j'ai vues et qui sont notoires à tous depuis ce temps-là. Je sais que rien n'a été changé depuis, car je m'en serais aperçu. Tant que la santé me le permet, je visite tous les jours le tombeau du S. de D., plus souvent deux fois qu'une seule. Je n'ai point de consolation plus grande que de visiter le tombeau de mon béni maître, par l'intercession duquel j'ai obtenu tant de bénéfices de Dieu.

J'ai vu une infinité de personnes de toute condition et de toute qualité qui viennent offrir, auprès du dit sépulcre, leurs vœux et leurs dévotions à Dieu ; elles accourent de tous les pays de l'Europe :

1° L'an 1623, seulement quelques mois après sa mort, M. le vicomte du Pasquier, étant atteint d'une maladie mortelle, fit vœu à Dieu par l'intercession de son Serviteur, et fut guéri. Il vint exprès en cette ville rendre son vœu et offrir au monastère un tableau de la grandeur de sept ou huit pieds, où le commencement de l'Ordre

---

(1) Décrets du Pape Urbain VIII, du 13 mars 1625 et du 5 juillet 1634. Par suite de ces décrets, la présence des lampes, cierges, etc., autour du tombeau ne rendraient nulles les instances pour la canonisation qu'autant que le postulateur de la cause refuserait de les écarter : *Si apposita sint, removeantur.*

de la Visitation était dépeint, croyant ne pouvoir présenter au S. de D. rien de plus agréable que le portrait d'un Ordre dont il est le fondateur, et qui est le plus excellent de ses ouvrages ;

2° L'an 1630, le roi de France, Louis XIII, envoya rendre ses vœux au tombeau du S. de D. par deux de ses aumôniers ; quelques mois après, ce fut le cardinal de Richelieu en personne. En 1631, le prince Victor-Amédée, duc de Savoie, y vint en dévotion ;

3° J'ai oublié de dire que le 25 juin de l'an 1625, Mme de Préssin envoya au tombeau du S. de D. un cœur d'argent, en reconnaissance de la guérison de son petit-fils François, qui avait été guéri d'une maladie mortelle ; ensuite d'un vœu qu'elle avait fait au dit tombeau ; ce cœur a été depuis retiré en la sacristie.

L'année 1640, au mois d'août, Mme Royale vint en dévotion au sépulcre du S. de D. et y offrit sa couronne, avec cinq cœurs qui y étaient appendus, pour elle, pour S. A. Royale son fils, pour les trois Infantes ses filles ; ils n'ont jamais été exposés en public, mais conservés dans la sacristie pour observer la bulle de non culte.

4° En 1642, M. le duc d'Orléans vint visiter le tombeau, y fit diverses fois ses dévotions, et depuis il envoya une offrande de 200 pistoles pour aider à bâtir l'église.

Grand nombre de fois y sont venus des présidents des Parlements de Dijon, Grenoble et Bordeaux, ainsi qu'un plus grand nombre encore de Dames de France.

Ce concours de peuple a toujours duré et dure encore à présent. C'est ainsi qu'en 1651, Mgr de la Magdeleine, évêque d'Autun, ne pouvant, à l'exemple d'une foule de Prélats, venir en personne rendre son vœu au dit tombeau, y envoya son grand-vicaire.

Il n'y a que quelques mois que le premier Président du Parlement de Bordeaux vint visiter ce tombeau.

Je sais tout ce que dessus pour avoir eu souvent la curiosité de m'en informer aux personnages mêmes et aux gentilshommes de la suite des rois et princes qui ont été ici. J'avais même soin de tenir note de tous les grands qui y venaient. Je les ai vus rendre leurs vœux auprès de ce tombeau et offrir à l'église, en reconnaissance des grâces qu'ils recevaient de Dieu, des lampes et des chandeliers d'argent. Mais je n'ai point vu qu'on lui ait rendu aucun culte public.

Ce que je viens de déposer montre assez la dévotion qu'ont eue au Serviteur de Dieu les peuples de toutes les nations, non-seulement de la Savoie, mais de toute la France, l'Italie, la Flandre et l'Allemagne.

Je sais qu'il n'y a ni grand ni petit qui n'ait une très-grande dévotion au Serviteur de Dieu, qui ne l'invoque dans ses nécessités. Au point que les habitants de cette ville d'Annecy ne se retirent jamais le soir sans aller visiter le tombeau du Serviteur de Dieu ; ils ne seraient pas contents s'ils n'y avaient fait leurs prières ; je le sais, parce que je le vois tous les jours (1).

Je François Favre, selon Dieu et conscience, et pour la vérité, je dis et dépose que tout le contenu en mes précédentes dépositions être entièrement véritable, et en tant qu'il est de besoin, je le répète, confirme et ratifie de nouveau.

FAVRE.

(Suivent les signatures des membres du tribunal Apostolique).

La déposition de notre témoin, scellée et cachetée, fut envoyée avec les autres à la Cour de Rome. Elle eut un heureux résultat auprès du Saint-Siége ; nous savons que le 19 avril 1665, le Souverain-Pontife Alexandre VII plaça François de Sales dans le catalogue des Saints.

Puisque notre *témoin déposant* finit par Annecy, nous finirons par Annecy et son diocèse. Nous emprunterons les accents de l'un des successeurs de saint François de Sales, qui a le plus travaillé à sa gloire, qui a sollicité avec tant d'ardeur, de l'auguste et si regretté Pie IX, le titre de docteur de l'Eglise universelle ; faveur insigne dont Sa Sainteté, trois mois avant sa mort, a couronné notre puissant Protecteur.

---

(1) Le témoin répond, dans plusieurs interrogatoires, aux questions qui lui sont faites sur les miracles du S. de D. Neuf ans plus tard, le Pape Alexandre VII les relatait dans la bulle de canonisation.

Mgr Magnin, notre évêque actuel, dans sa Circulaire du 28 août 1873, s'exprime ainsi :

« Chers fidèles de notre bien-aimé diocèse de saint
« François de Sales, n'est-ce pas ce que vous venez de
« demander à notre grand Saint, notre protecteur et
« notre patron (le rétablissement des droits sacrés de
« Dieu et de son Eglise), lorsque, chaque jour de la
« neuvaine qui lui est consacrée, vos longues processions
« de pèlerins, après avoir, en partant de leurs paroisses,
« fait retentir de pieux cantiques nos montagnes et nos
« vallées, arrivent au terme de leur pèlerinage dans un
« ordre et un recueillement religieux qui pénètrent de
« respect et d'admiration tous les témoins de ce grand
« et sublime spectacle ?

« Il passe encore en ce moment sous nos yeux ce flot
« toujours croissant de la foi et de la piété, qui porte
« aux pieds de saint François de Sales vos vœux et
« vos prières pour l'Eglise, pour notre auguste et bien-
« aimé pontife Pie IX, et pour la France, notre chère
« patrie humiliée et meurtrie bien plus encore par l'esprit
« irréligieux et par ses divisions, que par le fer de
« l'ennemi. »

FIN.

NOTES.

(A)

Aucun biographe de notre Saint n'a pu nous dire ce qu'est devenu Georges Rolland, son domestique, le fidèle et inséparable compagnon de ses épreuves dans la mission du Chablais. Notre *témoin* F. Favre est le premier à affirmer que Rolland devint chanoine de la Cathédrale, à Annecy. Mais un témoignage plus irrécusable encore, est celui de Rolland lui-même ; nous le trouvons dans un document entièrement inédit que voici.

Des informations juridiques, aux fins d'obtenir du Saint-Siége la béatification du P. Favre (Lefèvre), furent dressées à Annecy par l'Evêque Jean-François de Sales, le 8 juin 1626.

Ecoutons l'un des témoins déposant dans l'église de Saint-Jean d'Annecy.

Rd Messire Georges Rolland, chanoine de Saint-Pierre de Genève, âgé d'environ 50 ans, assigné par le sieur Barry, dûment assermenté, dépose que, dès l'an 1594, il a été ordinairement domestique de la maison de Monseigneur, d'heureuse mémoire, François de Sales, Evêque et prince de Genève ; que, depuis de longues années, il a eu la surintendance de toute sa maison jusqu'à son décès, et que, pendant le dit temps, il a souventes fois manié, vu et lu les livres qu'il composait, ainsi que des lettres missives écrites de sa propre main. Nous lui avons remis et fait considérer la lettre signée : François, Evêque de Genève, adressée au Rd Père Nicolas Polliens, recteur de la Compagnie de Jésus, à Chambéry, datée du 10 janvier 1612. En voici la teneur :

« Mon Révérend Père, il est bien temps que je vous rende le livre du Bienheureux Père Faber ; j'ai été si consciencieux, que je n'ai pas osé le faire transcrire... J'aurais bien désiré d'avoir une copie d'une histoire d'une si grande piété, et d'un Saint auquel je suis et dois être affectionné.

Le bon M. Faber, notre médecin de cette ville, a, depuis peu, trouvé au Reposoir une lettre de ce Bienheureux Père, écrite de sa main, que j'ai été consolé de voir et de baiser. »

Le sieur déposant a déclaré et affirmé qu'il a clairement et évidemment reconnu toute la dite lettre, écrite et signée de la propre main de mon dit seigneur François de Sales.

Répété, a persisté et a signé : ROLLAND.

Autre déposition d'un ancien domestique de saint François de Sales, devenu prêtre.

Vénérable messire Michel Favre (1), âgé d'environ 45 ans, prêtre et confesseur des dévotes Religieuses de N.-D. de la Visitation de cette ville d'Annecy, assigné et assermenté comme le précédent, dépose après l'exhibition que nous lui avons faite de la dite lettre écrite au Père Polliens et signée : François, Evêque de Genève ; déclare, après avoir bien considéré icelle, qu'elle est toute écrite et signée de la main du dit Evêque, disant qu'il reconnaît fort bien l'écriture du seigneur François de Sales, pour avoir souvent copié des lettres écrites de sa propre main ; d'en avoir beaucoup vu et lu pendant le temps de quinze ans *qu'il a été son domestique et prêtre d'honneur.*

Répété, a persisté et a signé : M. FAVRE.

Les dépositions de François Favre, que nous avons relatées plus haut, nous ont révélé l'existence d'un autre prêtre qui avait été domestique à la maison de Sales, pendant que le jeune François embaumait du parfum de ses vertus précoces l'âme de tous les serviteurs de son père.

Il nous a parlé d'Amé Bouvard, l'un des serviteurs au château de Sales, plus tard élevé au sacerdoce. Dans l'une de ses dépositions, il dit : « J'ai appris les circonstances des funérailles du père du serviteur de Dieu, mort en 1601, de la bouche du sieur Amé Bouvard, prêtre-vicaire à Thorens. »

Nous laissons au lecteur le soin de juger d'un fait aussi rare que remarquable : pourquoi des domestiques, qui avaient contemplé de près la vie intime de saint François de Sales, se sont-ils consacrés au service de Dieu et de son Eglise en recevant le sacrement de l'Ordre ?

(B)

Pendant l'exercice des Quarante-Heures célébrées à Annemasse, en septembre 1597, l'Apôtre du Chablais fit ériger une croix près de ce bourg, sur la grande route et à la vue de Genève. Il la fit planter à l'endroit même où, avant la Réforme, s'élevait une autre croix qu'avait abattue et renversée la rage impie des hérétiques. Le ministre la Faye composa, à cette occasion, un infâme libelle contre ce signe auguste de notre rédemption, accusant les catholiques d'adorer le bois de la Croix. C'est alors que le saint Apôtre publia en pages volantes son précieux ouvrage : *l'Etendard de la Croix*. Il affichait cet écrit aux murailles des maisons, tant à Annemasse qu'à Thonon.

Notre témoin F. Favre dit dans l'un de ses interrogatoires : « J'ai vu les copies de cet écrit, imprimé par Marc de la Rue, à Thonon ; je l'ai vu appliqué à une muraille de la maison du sieur Saget, à Annemasse.

(1) Il mourut à Annecy en 1633, et fut enterré dans l'église de la Visitation le Vendredi-Saint. (Lettre de Mme de Chantal du 22 avril 1633).

Dès le mois de juillet précédent, les Pères Capucins étaient devenus, en Chablais, les collaborateurs de saint François ; quoique, par ordre de l'Evêque de Granier, ils prêchassent dans les environs d'Annemasse et de Genève depuis trois années. Le Père Chérubin, le plus célèbre de tous, était parti d'Annecy le 9 septembre 1594, cinq jours avant le départ de saint François de Sales pour le Chablais (1).

Il conduisit aux Quarante-Heures d'Annemasse, dont il fut le principal prédicateur, plus de 700 nouveaux catholiques qu'il avait convertis dans le baillage de Ternier, canton de Saint-Julien (2).

C'est apparemment le zèle du Père Chérubin que le saint Evêque de Genève signalait au Pape en ces termes : « L'Ordre des Pères Capucins envoya à notre secours de nouveaux missionnaires si zélés et si ardents, que *l'un d'entre eux* faisait l'ouvrage de plusieurs. » (Lettre du 15 novembre 1603, tome V des *Œuvres complètes*, page 415).

Le saint Evêque de Genève avait été accusé, auprès du Souverain Pontife, de laisser facilement circuler des livres hérétiques dans son diocèse. Sur le témoignage du chanoine Médard, de Verdun, les biographes du Saint nous signalent le Père Chérubin pour être l'auteur de cette fausse accusation. Une dissertation insérée dans le neuvième volume des *Œuvres complètes* paraît l'avoir amplement justifié.

M. l'abbé Migne ajoute : « M. Pérennès s'est empressé de refondre, à l'aide des documents nouveaux, le passage de son Histoire, dont il est ici question, et il s'est témoigné heureux d'avoir ainsi rendu au vénérable Père Chérubin de Maurienne toute la justice due à sa sainteté et à ses travaux. (Voy. chap. 3 du liv. VII : Paris, Ambroise Bray, 1864. Tome neuvième et complémentaire des *Œuvres de saint François de Sales*, page 112, 1864).

L'Apôtre du Chablais vécut toujours dans des rapports d'intimité avec le Père Chérubin. Il écrivit au président Favre le VI des kalendes d'avril 1596 : « Je ne veux pas vous laisser ignorer la bienveillance du Père Chérubin à mon égard. Il m'a envoyé une image de l'Enfant Jésus qui dort et de la sainte Vierge qui l'adore humblement pendant son sommeil. Je regardais de temps en temps ce pieux cadeau d'un ami chéri. »

L'un des historiens les plus érudits de nos contrées, M. Fleury, aujourd'hui vicaire-général à Genève, dans la brochure citée plus haut, relate les travaux de saint François de Sales et du Père Chérubin : personne mieux que lui ne pouvait les connaître. Né aux environs d'Annemasse, il a consulté les archives des différentes paroisses du canton ; il n'écrit ces quelques pages qu'à l'aide des registres du Conseil d'Etat de Genève.

Dans sa deuxième lettre à M. l'abbé Mermillod, il lui dit : « La vérité sort enfin triomphante de ces archives poudreuses, où, durant trois siècles, on l'avait laissée dormir..... J'y aurai recours pour combattre M. le pasteur Gaberel, relativement au rôle qu'il fait jouer à saint François de Sales et à l'attitude du Père Chérubin, en 1598, vis-à-vis des pasteurs de Genève.

« C'est une mine bien riche, mon cher ami, que celle de nos archives. Nous en avons trop longtemps négligé les trésors. » (page 7).

A la page 56, on lit : « Le Père Chérubin avait de l'audace dans le caractère et un peu de cette âpreté qu'on rencontre dans les habitants des montagnes. Les rochers de la Maurienne avaient ombragé son

---

(1) *Saint François de Sales*, le *Père Chérubin* et les *Ministres de Genève*, par M. l'abbé Fleury, aumônier du Pensionnat de Carouge : 1864.

(2) Déposition de René Favre.

berceau, et tout en lui se ressentait de cette nature austère, qui contribue si puissamment à tremper fortement une âme. Il était rempli de zèle ; néanmoins, il savait le contenir dans de justes bornes, et il évitait soigneusement toute parole qui eût pu aigrir les cœurs... D'ailleurs, la Providence, en le donnant pour auxiliaire à saint François de Sales, avait admirablement ménagé la force et la douceur. Si le genre du Père Chérubin avait quelque chose de brusque, celui du jeune missionnaire tenait des manières élégantes du gentilhomme. La mâle énergie de l'un pouvait bien faire contraste avec les formes élégantes de l'autre ; cependant, une parfaite intimité régnait entre eux. Elle allait même jusqu'aux épanchements de la plus tendre amitié. J'en trouve la trace dans, etc., etc. »

Annecy. — Anc. Impr. Burdet, J. Niérat et Cie, successeurs.

www.ingramcontent.com/pod-product-compliance
Lightning Source LLC
LaVergne TN
LVHW021703080426
835510LV00011B/1567